Gin perfekt gemixt

Das Gin Buch inkl. klassischer und moderner Cocktailrezepte

2. Auflage

ISBN- 9781719987431

Inhaltsverzeichnis

Einleitung **1**

Geschichte 1
Herstellung 3
Sorten 4
Nosing & Tasting 5
Barausstattung & Mischtechniken 5

Einfache Rezepte **7**

Wodka-Gin-Limette 8
Gin-Basilikum-Smash 9
Mango-Gin 11
Gin Grundrezept 13
Holunder-Gin 16
Gin-Blutorange 17
Erdbeer-Gin 19

Klassische Rezepte **21**

Gin Tonic 22
Paradise 23
Martini Cocktail 25
Aviation 26
Bee's Knees 28
Gin Crusta 29
Gin Old Fashioned 30

Erfrischende Rezepte **32**

Fireball – Gin Cocktail 33
Apricot Dream 34
Gin Fizz 36
Optimist 37
Schwarzwald Säuerling 39
Rhabarber Fizz 40
Cucumber Lemonade Chiller 41

Exotische Variationen **43**

Tropical Orange 44

Gin Sour 46
Banana Flip 48
Boulders Signature 49
Florida Sling 51
Kon-Tiki Tropical Itch 52
Golden Dawn 53

Extravagante Mischgetränke 55

London Fog 56
Havana Nights 57
Pink Gin 60
Blue-blooded Gin 61
London Mule 63
Gin Dry 64

Moderne Rezepte 66

Lord Bull 67
Glüh-Gin 68
Sardinian Southside 70
Victoria Station 71
Jimmy Choo 73
Tonka Gimlet 74
Ladykiller 75

Spritzige Gin Rezepte 77

Tom Collins 78
Ginspritzer 79
Ginny 81
Blossom 82
Kräuter & Gin 83
Mc Fly 85
Pink Summerday 87
Silver Campari 88
Sling Sling 89

Haftungsausschluss 91

Impressum 92

Einleitung

Eine Spirituose aus Großbritannien – die Spirituose mit dem einzigartigen Geschmack der Wacholderbeere: Gin. Er zeichnet sich durch seinen charakteristisch bitteren Geschmack aus, der dadurch entsteht, dass neben dem Korn eben auch die Wacholderbeere destilliert wird. Gin wird in den seltensten Fällen pur konsumiert, gilt allerdings als exzellente Basis für diverse Mischgetränke, wie Longdrinks oder Cocktails. Grundsätzlich werden zwei Arten an Gin unterschieden. Der gesüßte Plymouth Gin, der mit Zuckersirup verfeinert und geschmacklich abgerundet wurde steht dem Dry Gin, der das unveränderte Destillat bezeichnet, gegenüber.

Die Wacholderbeere, als die ausschlaggebende Geschmacksrichtung, stellt für die Hersteller bei weitem keine beengende Einschränkung dar. Neben ihr darf das Destillat von allen pflanzlichen Geschmacksrichtungen geprägt sein, die man sich nur vorstellen kann. Sogenannte Botanicals verleihen der Spirituose weitere Nuancen, die dafür sorgen, dass kein Gin wie der andere schmeckt und es durchaus einen Unterschied macht, mit welcher Ginmarke ein Gin Tonic gemischt wird. Aus diesen Gründen sind einige Barbetreiber dazu übergegangen, dem Gast die Wahl des Gins zu überlassen. Feinschmeckern kann nur empfohlen werden, die Spirituose zuerst pur zu kosten und anschließend zu entscheiden, mit welcher Marke ein Cocktail gemischt werden soll.

Geschichte

Im 12. Jahrhundert fingen einige Gelehrte an, vergorene Säfte oder andere leicht alkoholische Flüssigkeiten zu destillieren. Das dabei gewonnene Feuerwasser entwickelte sich bald zum „Lebenswasser“, als klar wurde, dass die hochprozentigen Destillate allerhand Wirkstoffe aus Heilpflanzen lösen und auf diese Art für medizinische Zwecke zugänglich machen konnten. Dabei spielte es keine Rolle welcher pflanzliche Rohstoff zuvor vergoren wurde.

Heute kennen wir neben zahlreichen Magenbittern und Tinkturen eine Vielzahl an hochprozentigen Genussmitteln, die allerdings auch durch die Forschung medizinisch interessierter Gelehrter entdeckt wurden. Da die Menschen neben der positiven Wirkung der gelösten Kräuterinhaltsstoffe die erheiternde Wirkung des Alkohols nicht übersehen konnten, wurden die starken Getränke zum Genussmittel. Im 18. Jahrhundert war der Wacholderschnaps in England weit verbreitet. Die Qualität des beliebten Getränks sank mit der steigenden Zahl an produzierenden Laien. Eine Gin-Krise brach aus. Die Zahl der Alkoholleichen wuchs stetig und drohte die Geburtenrate zu übersteigen. Der Alkoholismus hatte im ganzen Land Fuß gefasst und um die Qualität der Genussmittel scherten sich nur Wenige. Damals begannen einige Wirte den Geschmack des billigen Alkohols mit allerlei Kräutern zu überdecken. Der Wacholderschnaps gewann seinen guten Geschmack zurück. Trotzdem handelte es sich bei diesen Maßnahmen lediglich um betrügerische Tricks einiger Geschäftsleute. Aus dieser Zeit stammt die Aussage, dass keine zwei Gins gleich schmecken. Das Parlament unternahm mehrere Versuche, in den ausartenden Gin Konsum regulierend einzugreifen. In der ersten Hälfte des Jahrhunderts halfen weder Steuererhöhungen noch andere Maßnahmen. Erst einige Jahrzehnte später konnte die Wende mit einigen Gesetzen erreicht werden, die neben bereits gesetzten Maßnahmen die Herstellung von Gin genau definierten und unabhängige Prüfer einsetzten.

Großbritannien sicherte sich zu dieser Zeit den Platz als Vorreiter in den Belangen der industriellen Revolution. Bereits im 18. Jahrhundert wandelte sich das Land vom Agrarstaat in einen Industriestaat. Im Jahr 1831 meldete der Ire Aeneas Coffey einen Brennapparat in Säulenform zum Patent an. Sein Ziel galt der effizienteren Herstellung von sauberem Getreidealkohol. Nun konnte vergorene Maische in einem Durchgang zu Feinbrand destilliert werden, wofür in der Vergangenheit stets zwei Durchgänge nötig gewesen waren. Diese Erfindung erleichterte die Gin Herstellung enorm und trug wesentlich zu deren Industrialisierung bei.

Herstellung

Jeder pflanzliche Rohstoff, der ernstzunehmende Mengen Zucker oder Stärke enthält, kann grundsätzlich zu einer Spirituose destilliert werden. Im Falle eines Gin sind per Definition keine landwirtschaftlichen Rohstoffe dafür vorgesehen beziehungsweise davon ausgeschlossen, denn den Gin macht grundsätzlich sein würziger Geschmack aus und nicht, wie etwa bei einem Whiskey, der Grundrohstoff. Die einzige zu erfüllende Grundlage besteht darin, dass der Grundalkohol Ethylalkohol aus landwirtschaftlichem Ursprung zu sein hat. Aus Getreide lässt sich beispielsweise Bier herstellen und aus Bier Whiskey. Obst wird zu Wein verarbeitet und eventuell weiter zu Weinbränden. Stärke, die in Kartoffeln oder Getreide enthalten ist, wird zuerst zu Maische verarbeitet. Durch diesen ersten Herstellungsschritt wird die Stärke zu Zucker abgebaut, welcher im weiteren Verfahren vergärt. Auf diese Weise ist aus unzähligen Rohstoffen ein Destillat zu erreichen.

Über 65 % der produzierten Gins werden auf Weizenbasis hergestellt, während speziell in Schottland gerne gemälzte Gerste verwendet wird. Das liegt daran, dass aus Schottland stammender Malt Whiskey ausschließlich aus gemälzter Gerste hergestellt wird und vor dem Verkauf mindestens drei Jahre lang in einem Holzfass reift. Wer eine neue Whiskey Brennerei in dieser Gegend aufbauen möchte, braucht also eine finanzielle Überbrückung bis die ersten Whiskeys auf den Markt gelangen. Hierfür eignet sich die Gin Produktion vorzüglich, da dieser keine langen Lagerzeiten einzuhalten hat. Kartoffeln, Reis und Mais stellen gemeinsam ungefähr 5 % der Alkoholgrundlage für die weltweite Gin Produktion dar. Weitere Rohstoffe sind Zuckerrohr oder Melasse, Weintrauben, Äpfel oder die Wacholderbeere selbst.

Der Basisalkohol, aus welcher Quelle er auch schließlich stammt, wird in der Herstellung mit unterschiedlichen Botanicals angereichert und erneut destilliert. Auf diese Weise entsteht der Dry Gin. Der Geschmack der Botanicals geht auf dieselbe Weise in den Alkohol über, wie es in den frühen Zeiten der Medizin mit Naturheilmitteln geschah. Dieser Prozess wird Mazeration genannt und meint schlicht das Einlegen von Kräutern oder geschmackgebenden Pflanzenteilen in den Basisalkohol, welcher die Aromen aus den Botanicals herauslöst. Je nach Hersteller werden geschmacklich unterschiedliche, fertig destillierte Extrakte miteinander zu einer erwünschten Geschmacksnote vermischt oder zuerst gemischt und anschließend gemeinsam destilliert. Auch hängt es vom Hersteller ab, ob in der letzten Destillation die Mazerate, also die meist ausgelaugten Botanicals, im Extrakt verbleiben und nachher gefiltert werden, oder ob dieser letzte Herstellungsschritt mit einer bereits gefilterten Flüssigkeit vorgenommen wird.

Der Zwischenschritt über die Mazerate ist allerdings nicht unbedingt notwendig. Der Hersteller hat auch hier die Wahl zwischen dieser und zwei weiteren Möglichkeiten. Wird der Alkohol gemeinsam mit den Botanicals langsam destilliert, entzieht dieser Prozess den Kräutern ebenfalls die Aromastoffe, sodass das Ablagern davor nicht unbedingt notwendig ist. Entscheidet sich der Hersteller allerdings für die sogenannte Dampfinfusion kommen die Botanicals nicht einmal mit dem flüssigen Alkohol in Kontakt. Sie werden in einen separaten Destillierkorb gegeben, der im oberen Bereich der Brennblase angebracht wird. Der Destillierdampf durchzieht die Botanicals, welche auf schonende Art und Weise ihre Aromastoffe abgeben. Aufwendiges Filtern im Nachhinein wird auf diese Weise verhindert. Das Produkt, welches bei diesem Prozess entsteht, darf nach den vorhandenen Kriterien bereits Gin genannt werden, sollte pur allerdings auf keinen Fall konsumiert werden, da der Alkoholgehalt deutlich zu hoch ist. Der Gin wird im Anschluss mit Wasser auf einen passenden Alkoholgehalt verdünnt, der 37,5 % nicht unterschreiten darf.

Sorten

Nach europäischer Verordnung werden grundsätzlich drei Gin Sorten unterschieden: Gin, destillierter Gin und London Gin. Simpel als Gin bezeichnete Spirituosen entsprechen einem neutralen Alkohol, der mit natürlichen oder naturidentischen Aromastoffen angereichert wurde. Die Botanicals prägen den Gin in diesem Fall erst nach der Destillation, falls überhaupt echte Botanicals verwendet wurden. Denn die Vorschriften sind vergleichsweise locker. Einschränkungen oder Höchstmengen für Zusatzstoffe wurden für diese Gin Kategorie nicht erstellt. In der Herstellung ist dieser Gin günstig und mit wenig Aufwand verbunden. Er gelten als Gin mit niedrigem Qualitätsniveau. Um destillierten Gin herzustellen, wird hochprozentiger Basisalkohol mit den Botanicals erneut destilliert. Während diesem Prozess wirken die Aromastoffe der Kräuter auf den Alkohol ein und lassen einen spezifischen Geschmack zurück. Hier darf nur mit bestimmten Stoffen gefärbt und aromatisiert werden. London Gin gilt als der am strengsten reglementierte Gin. Hier dürfen bis auf die pflanzlichen Zutaten keine weiteren Aromastoffe oder Farbstoffe beigefügt werden. Botanicals wirken auf den Basisalkohol ein bevor er erneut destilliert wird.

New Western Dry Gin werden solche Variationen genannt, bei denen die Wacholdernote nicht die dominanteste ist. New Western Dry Gins können nach vielen verschiedenen Nuancen schmecken und Wacholder ist stets eine von ihnen, allerdings nicht unbedingt die Vordergründige.

Nosing & Tasting

Eigentlich ist es alles andere als üblich, Gin pur zu konsumieren. Allerdings wird es echten Liebhabern trotzdem angeraten, die Spirituose pur zu kosten, da der verwendete Gin in Mischgetränken einen deutlichen Unterschied machen kann. Zur Einführung in dieses Thema eignet sich das Nosing. Dafür verwendet man im besten Fall ein Nosing- oder Weinglas, füllt einen Schluck des Gins ein und riecht vorsichtig daran. Zwischendurch ist es wichtig, einige Male normal ein- und auszuatmen ohne den Gin zu riechen. Nach einigen Minuten wird sich das Bukett entfalten und man lernt die Nuancen verschiedener Gin Sorten zu unterscheiden.

Hat sich der Geruch zufriedenstellend entfalten können, wird es Zeit das erste Mal am Gin zu nippen – das sogenannte Tasting. Hochprozentige Spirituosen können den Rachen leicht reizen, wenn man diese nicht gewohnt ist und sie schnell hinunterschluckt. Ein kleiner Schluck Gin sollte deshalb etwas länger im Mund behalten werden. Behalten Sie den Gin auf der Zunge und nehmen Sie bewusst die Nuancen wahr, die damit einhergehen. Nach einigen Versuchen wird die Technik des richtigen Nosings und Tastings bald erlernt sein und Sie erhalten damit die Fähigkeit sich durch unterschiedlichste Gin Sorten zu probieren und Ihren persönlichen Favoriten herauszufinden.

Barausstattung & Mischtechniken

Um die grundlegenden Mischtechniken ausführen zu können, ist ein gewisses Equipment erforderlich. Der am wahrscheinlich häufigsten eingesetzte Ausrüstungsgegenstand ist der Shaker. Dieser ist oft mit einem eingebauten Barsieb ausgerüstet. Diese Siebe, mit denen Eiswürfel oder feste Bestandteile, wie Kräuter aus dem Cocktail gesiebt werden, gibt es auch einzeln und sind ein weiterer unerlässlicher

Bestandteil einer guten Barausstattung. Wird ein Cocktail nicht geschüttelt, sind ein langstieliger Barlöffel sowie ein Rührglas von Nöten, mit welchen die einzelnen Komponenten ohne hohem Verdünnungsgrad gemischt werden können. Außerdem ist ein kleiner Messbecher stets von Vorteil.

Das Schütteln von Coktails dauert in der Regel zwischen zehn und dreißig Sekunden. Viele Getränke werden mit Eiswürfeln geschüttelt, welche im Anschluss abgeseiht werden. Auf diese Weise können auch Zutaten wie Eiklar, die sich ansonsten nur schwierig mit anderen flüssigen Komponenten mischen ließen, in einem Cocktail verarbeitet werden. Nach dem Schütteln ist der Shaker normalerweise an der Außenseite beschlagen. Das Gegenstück zum Schütteln ist das Rühren. Diese Technik ist vor allem bei solchen Mischgetränken von Vorteil, die nicht zu stark verdünnt werden sollten.

Einfache Rezepte

Wodka-Gin-Limette

DAUER: 10 MINUTEN | MENGE: 1 COCKTAIL

ZUTATEN:

3 CL WODKA

3 CL GIN

CRUSHED ICE

6 EISWÜRFEL

1 LIMETTE

ZUBEREITUNG:

1. Limette waschen und mit einem Gemüseschäler schälen. Dabei soll aus der Schale eine Spirale entstehen.

2. Limette halbieren und auspressen. Limettensaft mit Wodka, Gin und Eiswürfeln in den Shaker geben und ausführlich schütteln.

3. Crushed Ice in ein Tumbler Glas füllen und mit dem Cocktail aufgießen.

4. Mit der Limettenschale garnieren.

Gin-Basilikum-Smash

DAUER: 10 MINUTEN | MENGE: 2 COCKTAILS

ZUTATEN:

1 ZITRONE

8 BASILIKUMZWEIGE

6 EISWÜRFEL

120 ML GIN

ZUBEREITUNG:

1. Zitrone und Basilikum waschen und Zitrone in Würfel schneiden. Zitronenstücke mit sechs Basilikumzweigen in einem Mörser zerstoßen.

2. Die zerstoßene Masse mit dem Gin in einen Shaker füllen. Vier Eiswürfel beifügen und kräftig schütteln.

3. Je einen Eiswürfel in die Gläser legen und anschließend die geschüttelte Flüssigkeit durch ein Barsieb auf die Gläser verteilen.

4. Jedes Glas mit einem Basilikumzweig garnieren.

Platz für Ihre Notizen

Mango-Gin

Dauer: 20 Minuten | Menge: 2 Cocktails

Zutaten:

1 Mango

1 Limette

2 Zweige Rosmarin

4 Zweige Minze

60 ml Gin

50 ml Ginger Beer

1 TL Zucker

6 Eiswürfel

Zubereitung:

1. Mango schälen, entsteinen und klein schneiden. Limette auspressen. Rosmarin und Minze waschen.

2. Mango, Limettensaft, Gin, Ginger Beer, Zucker und Eiswürfel zu einem Mus mixen.

3. Cocktail in Gläser verteilen und jeweils mit einem Rosmarinzweig und den Blättern der Minze garnieren.

Gin Grundrezept

DAUER: 20 MINUTEN + 3 TAGE | MENGE: ERGIBT 750 ML GIN

ZUTATEN:

2 EL GETROCKNETE WACHOLDERBEEREN

1 EL PFEFFERKÖRNER

1 EL KORIANDER

2 ZIMTSTANGEN

6 KARDAMOMKAPSELN

1 ZITRONE

1 ORANGE

2 ROSMARINZWEIGE

3 LORBEERBLÄTTER

25 G INGWER

750 ML WODKA

ZUBEREITUNG:

1. Wacholderbeeren mörsern und im Anschluss kurz mit Pfefferkörnern, Koriandersamen, Zimtstangen, Kardamom rösten. Beiseitelegen und auskühlen lassen.

2. Zitrone und Orange waschen und mit einem Sparschäler schälen. Dabei darauf achten, dass keine weiße Haut dabei ist.

3. Rosmarin, Lorbeer und Ingwer waschen. Ingwer in dünne Scheiben schneiden.

4. Alle Zutaten mit dem Wodka in ein verschließbares Glas füllen und drei Tage stehen lassen.

5. Nach Ablauf der Ziehzeit den Gin filtern und in Flaschen abfüllen.

Platz für Ihre Notizen

Holunder-Gin

Dauer: 5 Minuten | Menge: 4 Cocktails

Zutaten:

16 Eiswürfel

120 ml Gin

4 cl Holunderlikör

Angostura

8 Gurkenscheiben

Tonic Water

4 essbare Blüten

Zubereitung:

1. In die Bechergläser je vier Eiswürfeln legen. Gin und Holunderlikör in die Gläser verteilen.
2. Den Cocktail mit einem Schuss Angostura verfeinern. Je zwei Gurkenscheiben in die Gläser legen.
3. Mit Tonic Water befüllen und mit den Blüten garnieren.

Gin-Blutorange

Dauer: 10 Minuten | Menge: 4 Cocktails

Zutaten:

2 Blutorangen

Crushed Ice

2 Limetten

120 ml Blutorangensaft

120 ml Gin

80 ml Lillet

280 ml Ginger Ale

Zubereitung:

1. Blutorangen waschen und in Spalten teilen. Bechergläser mit crushed Ice befüllen.

2. Limetten auspressen und den Saft in die Gläser füllen. Blutorangensaft, Gin und Lillet aufteilen.

3. Die Cocktails mit Ginger Ale ergänzen, mit den Blutorangenspalten abspritzen und garnieren. Zu diesem Zweck werden die Spalten simpel in das Glas gelegt.

Erdbeer-Gin

DAUER: 10 MINUTEN | MENGE: 4 COCKTAILS

ZUTATEN:

300 G ERDBEEREN

1 LIMETTE

200 ML GIN

100 ML ZUCKERSIRUP

16 EISWÜRFEL

400 ML SODA

ZUBEREITUNG:

1. Erdbeeren waschen und pürieren. Limette auspressen und Saft zu Erdbeermus beifügen.

2. Gin und Zuckersirup mit dem Mus vermengen. Eiswürfel in die Gläser füllen, Cocktail gleich verteilen und mit Soda aufspritzen.

Platz für Ihre Notizen

Klassische Rezepte

Gin Tonic

Dauer: 6 Minuten | Menge: 1 Cocktail

Zutaten:

4 cl Gin

4 Eiswürfel

250 ml Tonic Water

1 Limette

Zubereitung:

1. Eiswürfel, Gin und Tonic Water in ein Longdrinkglas füllen und umrühren.
2. Limette halbieren und eine Scheibe herausschneiden. Die restliche Frucht in Spalten teilen. Limettenscheibe einschneiden und auf das Glas stecken. Limettenspalten abspritzen und in den Drink legen. Mit Strohhalm servieren.

Paradise

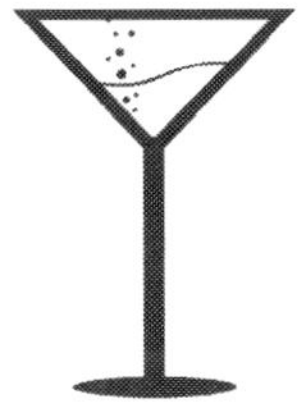

DAUER: 5 MINUTEN | MENGE: 1 COCKTAIL

ZUTATEN:

2 CL APRICOT BRANDY

4 CL GIN

4 CL ORANGENSAFT

3 EISWÜRFEL

1 ORANGENSCHEIBE

1 COCKTAILKIRSCHE

ZUBEREITUNG:

1. Brandy, Gin, Orangensaft und Eiswürfel in den Shaker füllen und schütteln.
2. Den Drink in eine Cocktailschale gießen. Orangenscheibe und Cocktailkirsche mit einem Zahnstocher aufspießen. Orangenscheibe einschneiden und auf den Glasrand stecken.

Platz für Ihre Notizen

Martini Cocktail

DAUER: 5 MINUTEN | MENGE: 1 COCKTAIL

ZUTATEN:

2 CL VERMOUTH DRY

4 CL DRY GIN

3 EISWÜRFEL

1 GRÜNE OLIVE

ZUBEREITUNG:

1. Martiniglas in den Kühlschrank stellen. Vermouth Dry und Gin mit Eiswürfeln verrühren und durch ein Barsieb in das gekühlte Martiniglas abseihen.
2. Eine grüne Olive in den Cocktail gleiten lassen.

Aviation

Dauer: 6 Minuten | Menge: 1 Cocktail

ZUTATEN:

2 CL ZITRONENSAFT

ZUCKER

4 CL GIN

3 CL KIRSCHLIKÖR

1 CL CREMÉ DE VIOLETTE

1 CL SODA

ZUBEREITUNG:

1. Etwas Zitronensaft auf einen Teller gießen. Einen zweiten Teller mit etwas Zucker vorbereiten. Anschließend ein Martiniglas mit der oberen Kante zuerst in den Zitronensaft und danach in den Zucker tunken.

2. Gin, Kirschlikör, Cremé de Violette, Zitronensaft und Soda in einem Shaker gut schütteln und durch ein Barsieb in das Martiniglas abseihen.

Platz für Ihre Notizen

Bee's Knees

Dauer: 6 Minuten | Menge: 1 Cocktail

ZUTATEN:

4 CL GIN

4 TL HONIG

3 CL ZITRONENSAFT

4 EISWÜRFEL

ZUBEREITUNG:

1. Cocktailschale kühlen. Gin und Honig vermengen und so lange rühren, bis der Honig aufgelöst ist.

2. Gin-Honig-Gemenge mit Zitronensaft und Eiswürfel in einen Shaker füllen und kräftig schütteln.

3. Cocktailschale aus der Kühlung nehmen und das Getränk durch ein Sieb hinein gießen.

Gin Crusta

Dauer: 10 Minuten | Menge: 1 Cocktail

Zutaten:

1 Zitrone

Zucker

4 cl Gin

3 cl Kirschlikör

1 Schuss Angostura

4 Eiswürfel

Zubereitung:

1. Zitrone mit einem Sparschäler auf eine Weise schälen, bei der die Schale als Spirale anfällt. Die Zitrone halbieren und auspressen.

2. Den Rand des Weinglases in den Zitronensaft tunken und anschließend in einen Teller mit Zucker stellen, sodass ein Zuckerrand entsteht. Zitronenspirale ins Glas legen.

3. Gin, Likör, Angostura, 2 cl Zitronensaft und Eiswürfel in einen Shaker füllen und für zehn Sekunden kräftig schütteln. Anschließend den Cocktail durch ein Barsieb ins Weinglas abseihen.

Gin Old Fashioned

DAUER: 6 MINUTEN | MENGE: 1 COCKTAIL

ZUTATEN:

1 TL Zucker

Soda

4 cl Gin

1 Schuss Angostura

¼ Orange

5 Eiswürfel

ZUBEREITUNG:

1. Zucker und 3 cl Soda in ein Old Fashioned Glas geben und umrühren. Gin und Angostura beifügen und erneut umrühren.
2. Mit Orange abspritzen und sie danach ins Glas legen.
3. Eiswürfel hinzufügen und mit Soda voll füllen.

Platz für Ihre Notizen

Erfrischende Rezepte

Fireball – Gin Cocktail

Dauer: 8 Minuten | Menge: 1 Cocktail

Zutaten:

3 cl Orangenlikör

2 cl Gin

3 Eiswürfel

50 ml Tonic Water

1 Orangenspalte

1 Cocktailkirsche

Zubereitung:

1. Orangenlikör, Gin und Eiswürfel in den Shaker füllen, schütteln und durch ein Barsieb in ein Longdrinkglas gießen.

2. Den Drink mit Tonic Water ergänzen und mit der Orangenspalte abspritzen.

3. Orangenspalte und Cocktailkirsche auf einen Zahnstocher stecken, Orangenspalte einschneiden und auf den Glasrand klemmen.

Apricot Dream

Dauer: 5 Minuten | Menge: 1 Cocktail

Zutaten:

2 cl Apricot Brandy

2 cl Gin

50 ml Maracujanektar

50 ml Aprikosennektar

3 Eiswürfel

5 Aprikosenspalten

Zubereitung:

1. Apricot Brandy, Gin, Maracujanektar, Aprikosennektar und Eiswürfel in den Shaker füllen und schütteln.

2. Den Drink durch ein Barsieb in Cocktailglas gießen. Aprikosenspalten auf den Glasrand stecken.

Platz für Ihre Notizen

Gin Fizz

Dauer: 2 Minuten | Menge: 1 Cocktail

Zutaten:

4 cl Gin

1 TL Puderzucker

1 Schuss Zitronensaft

3 Eiswürfel

100 ml Soda

Zubereitung:

1. Gin, Puderzucker und Zitronensaft in den Shaker füllen und gut schütteln.
2. Eiswürfel in ein Becherglas geben, Gin Fizz einfüllen und mit Soda aufspritzen.
3. Mit Strohhalm servieren.

Optimist

DAUER: 5 MINUTEN | MENGE: 1 COCKTAIL

ZUTATEN:

2 CL ANANASSAFT

1 SCHUSS MARACUJASIRUP

3 CL GIN

6 EISWÜRFEL

1 SCHUSS ORANGENSAFT

2 CL CREME DE CASSIS

1 ANANASSCHEIBE

½ ORANGENSCHEIBE

1 COCKTAILKIRSCHE

ZUBEREITUNG:

1. Ananassaft, Maracujasirup und Gin mit 3 Eiswürfeln in den Shaker füllen und schütteln.
2. 3 Eiswürfel in ein Cocktailglas geben und geschütteltes Gin-Gemisch einfüllen.
3. Einen Schuss Orangensaft beifügen und Creme de Cassis vorsichtig in das Glas fließen lassen.
4. Ein Spießchen mit Ananas- und Orangenscheibe sowie Cocktailkirsche herrichten und den Drink damit garnieren.

Platz für Ihre Notizen

Schwarzwald Säuerling

DAUER: 5 MINUTEN | MENGE: 1 COCKTAIL

ZUTATEN:

4 cl Gin

1 cl Fichtensprossengeist

2 cl Verjus Royal

1 cl Apfelsirup

3 cl Soda

5 Eiswürfel

1 Blatt Sauerampfer

ZUBEREITUNG:

1. Ein Tumber Glas kühl stellen. Gin, Fichtensprossengeist, Verjus und Apfelsirup mit Eiswürfel in einen Shaker füllen und 15 Mal kräftig schütteln.

2. Glas aus der Kühlung nehmen und Soda einfüllen. Cocktail durch ein Barsieb ins Glas laufen lassen. Umrühren und mit einem Blatt Sauerampfer garnieren. Mit Trinkhalm servieren.

Rhabarber Fizz

Dauer: 10 Minuten | Menge: 1 Cocktail

Zutaten:

4 cl Gin

3 cl Zitronensaft

2 cl Rhabarbersirup

3 cl Mandarinengeist

1 Eiklar

4 cl Soda

5 Eiswürfel

Zubereitung:

1. Alle Zutaten in einen Shaker füllen und für eine halbe Minute kräftig schütteln.
2. Den Cocktail abseihen und erneut ohne Eis in den Shaker füllen. Nochmal schütteln.
3. In ein Cocktailglas füllen, warten bis der Schaum verschwindet und mit Soda auffüllen.

Cucumber Lemonade Chiller

Dauer: 16 Minuten | Menge: 1 Cocktail

ZUTATEN:

1 GURKE

2 TL ROSMARIN

3 CL ZITRONENSAFT

4 CL GIN

1 CL ZUCKERSIRUP

4 EISWÜRFEL

SODA

ZUBEREITUNG:

1. Gurke schälen und mit Rosmarin gemeinsam zu Püree mixen.
2. Gurkenpüree mit Zitronensaft, Gin und Zuckersirup in den Shaker füllen und schütteln.
3. Cocktailglas mit Eiswürfeln füllen und Gemisch darüber gießen. Mit Soda aufspritzen.
4. Mit einem Rosmarinzweig und zwei Gurkenscheiben garniert servieren.

Platz für Ihre Notizen

Exotische Variationen

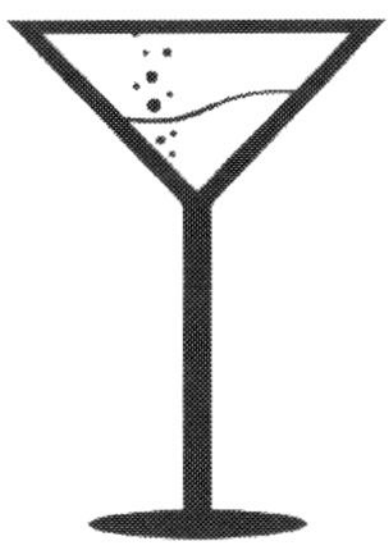

Tropical Orange

DAUER: 5 MINUTEN | MENGE: 1 COCKTAIL

ZUTATEN:

3 CL ORANGENLIKÖR

2 CL GIN

4 CL GRAPEFRUITSAFT

60 ML ORANGENSAFT

6 EISWÜRFEL

¼ ANANASSCHEIBE

½ ORANGENSCHEIBE

1 COCKTAILKIRSCHE

ZUBEREITUNG:

1. Orangenlikör, Gin, Grapefruitsaft, Orangensaft und Eiswürfel in einen Shaker füllen und kräftig schütteln.

2. Den Cocktail durch ein Sieb in ein Hurricane- oder Ballonglas füllen.

3. Ananasscheibe etwas einschneiden und mit der halben Orangenscheibe und der Cocktailkirsche an der Spitze auf einen Zahnstocher stecken. Anschließend die Ananasscheibe über den Glasrand stecken.

Gin Sour

DAUER: 5 MINUTEN | MENGE: 1 COCKTAIL

ZUTATEN:

4 CL GIN

3 CL ZITRONENSAFT

2 CL ZUCKERSIRUP

5 EISWÜRFEL

3 ZITRONENSPALTEN

WASSER

ZUBEREITUNG:

1. Gin, Zitronensaft, Zuckersirup und Eiswürfel in den Shaker füllen und schütteln.

2. Cocktail durch ein Barsieb in ein Becherglas füllen. Zitronenspalten abspritzen und in das Glas geben.

3. Mit kaltem Wasser auffüllen.

Platz für Ihre Notizen

Banana Flip

DAUER: 10 MINUTEN | MENGE: 1 COCKTAIL

ZUTATEN:

3 CL BANANENLIKÖR

2 CL GIN

2 CL SCHLAGSAHNE

1 CL ZUCKERSIRUP

1 DOTTER

1 PRISE MUSKAT

ETWAS SIRUP UND ZUCKER FÜR DEN ZUCKERRAND

ZUBEREITUNG:

1. Alle Zutaten in den Shaker füllen und gut schütteln.

2. Etwas Zuckersirup in einen Teller füllen und das Cocktailglas verkehrt herum hineinstellen, sodass der Rand durch den Sirup zu kleben beginnt. In einem zweiten Teller den Boden mit etwas Zucker bedecken und das Glas mit dem klebrigen Rand hineinstellen und schräg im Zucker wälzen, so dass ein Zuckerrand am Cocktailglas entsteht.

3. Drink ins Glas füllen und mit einem Strohhalm servieren.

Boulders Signature

Dauer: 5 Minuten | Menge: 1 Cocktail

ZUTATEN:

3 CL LIMETTENSAFT

SCHWARZES SALZ

4 CL GIN

2 CL ORANGENSIRUP

MARACUJAMUS

ZUBEREITUNG:

1. Den oberen Rand des Cocktailglases zuerst in den Limettensaft und danach in einen Teller mit schwarzem Salz tunken.
2. Gin, Limettensaft, Orangensirup und Fruchtmus in einen Shaker füllen und kräftig schütteln.
3. In das Cocktailsglas füllen und mit Trinkhalm servieren.

Platz für Ihre Notizen

Florida Sling

Dauer: 2 Minuten | Menge: 1 Cocktail

Zutaten:

4 cl Gin

2 Kirschenlikör

2 cl Zitronensaft

4 cl Ananassaft

crushed Ice

1 Schuss Grenadine

1 BL Puderzucker

1 Kirsche

Zubereitung:

1. Gin, Likör und Säfte in einen Shaker füllen und kräftig schütteln.
2. Ein Longdrinkglas zur Hälfte mit crushed Ice füllen und den Cocktail darüber gießen und Grenadine sowie Puderzucker beifügen. Gut umrühren.
3. Eine Kirsche in das Glas gleiten lassen und mit Trinkhalm servieren.

Kon-Tiki Tropical Itch

Dauer: 5 Minuten | Menge: 1 Cocktail

Zutaten:

3 cl Gin

3 cl weisser Rum

2 Tropfen Mandelaroma

5 Mangowürfel

1 cl Zimtsirup

2 cl Limettensaft

crushed Ice

Zubereitung:

1. Gin, Rum, Mandelaroma, Mangofruchtfleisch, Zimtsirup, Limettensaft mit crushed Ice in einem Hochleistungsmixer mindestens eine halbe Minute lang mixen.

2. Das Gemenge in ein Highball-Glas füllen. Einen hölzernen Rückenkratzer als Dekoration ins Glas stecken und mit Trinkhalm servieren.

Golden Dawn

DAUER: 5 MINUTEN | MENGE: 1 COCKTAIL

ZUTATEN:

2 CL ORANGENSAFT

2 CL APRICOT BRANDY

3 CL DRY GIN

3 CL CALVADOS

5 EISWÜRFEL

1 KIRSCHE

GRANATAPFELSIRUP

ZUBEREITUNG:

1. Ein Martiniglas kühl stellen. Orangensaft, Brandy, Gin, Calvados und Eiswürfel in einen Shaker füllen und 15 Sekunden lang schütteln.

2. Martiniglas aus der Kühlung nehmen und den Cocktail durch ein Barsieb einfüllen.

3. Eine Kirsche ins Getränk legen und den Cocktail mit wenigen Tropfen Granatapfelsirup floaten.

Platz für Ihre Notizen

Extravagante Mischgetränke

London Fog

Dauer: 7 Minuten | Menge: 1 Cocktail

Zutaten:

4 cl Gin

3 cl Absinth

5 Eiswürfel

1 Limette

Zucker

Zubereitung:

1. Gin, Absinth und Eiswürfel verrühren. Limette halbieren und etwas Limettensaft auf einen Teller pressen.

2. Etwas Zucker in einen weiteren Zucker füllen. Eine Cocktailschale mit de oberen Rand zuerst in den Limettensaft und anschließend in den Zucker stellen.

3. Den Drink aus dem Shaker in die Cocktailschale abseihen. Eine Limettenscheibe abschneiden, seitlich einschneiden und auf das Glas klemmen.

Havana Nights

Dauer: 5 Minuten | Menge: 1 Cocktail

Zutaten:

80 ml Kräuterlimonade oder Almdudler

4 cl Weisser Rum

4 cl Orangensaft

4 cl Gin

160 ml Limettensaft

4 Eiswürfel

4 cl Blue Curacao

1 Orangenscheibe

ZUBEREITUNG:

1. Almdudler, weißen Rum, Orangensaft, Gin und Limettensaft mit Eiswürfeln in den Shaker füllen und kräftig schütteln.

2. Blue Curacao in ein Ballonglas füllen und vorsichtig die geschüttelte Flüssigkeit abseihen, so dass sich farbliche Schichten bilden.

3. Orangenscheibe einschneiden, auf den Glasrand stecken und den Cocktail mit einem Strohhalm servieren.

Platz für Ihre Notizen

Pink Gin

Dauer: 3 Minuten | Menge: 1 Cocktail

Zutaten:

4 cl Gin

1 cl Angostura

½ Zitrone

Zucker

Zubereitung:

1. Ein Sherryglas in den Kühlschrank stellen. Eine Scheibe von den halben Zitrone herunterschneiden und die restliche Zitrone auspressen.

2. Zitronensaft und Zucker jeweils in einen eigenen Teller füllen. Sherryglas aus dem Kühlschrank nehmen und mit dem oberen Rand zuerst in den Zitronensaft tauchen. Danach auf den Teller mit Zucker stellen und den Rand vorsichtig darin wälzen.

3. Angostura in das Glas füllen und schwenken. Anschließend Gin einfüllen, Zitronenscheibe einschneiden und auf den Glasrand klemmen.

Blue-blooded Gin

Dauer: 10 Minuten | Menge: 1 Cocktail

Zutaten:

2 cl Maracujasaft

2 cl Gin

2 Mangostücke

2 Honigmelonenstücke

chrushed Ice

1 cl Blue Curacao

Zubereitung:

1. Maracujasaft, Gin und Fruchtstücke zu einem glatten Mus mixen.
2. Ein Hurricaneglas mit chrushed Ice füllen. Das Mus einfüllen und zum Schluss den Blue Curacao langsam hineinfließen lassen.

Platz für Ihre Notizen

London Mule

Dauer: 5 Minuten | Menge: 1 Cocktail

Zutaten:

1 Limette

4 cl Gin

110 ml Ginger Beer

4 Eiswürfel

Zubereitung:

1. Limette halbieren, eine Scheibe herunter schneiden und die restliche Limette auspressen.

2. Limettensaft und Eiswürfel in ein Highball Glas füllen. Gin und Ginger Beer hinzufügen und gut verrühren.

3. Limettenscheibe einschneiden und auf den Glasrand stecken. Mit Strohhalm servieren.

Gin Dry

DAUER: 3 MINUTEN | MENGE: 1 COCKTAIL

ZUTATEN:

4 CL GIN

2 CL MARTINI DRY

1 SCHUSS GRENADINE

3 EISWÜRFEL

ZUBEREITUNG:

1. Gin, Martini und Eiswürfel in einem Shaker füllen und gut schütteln. Anschließend durch ein Barsieb in ein Martiniglas abseihen.

2. Zum Abschluss das Getränk mit Grenadine floaten.

Platz für Ihre Notizen

Moderne Rezepte

Lord Bull

DAUER: 1 MINUTE | MENGE: 1 COCKTAIL

ZUTATEN:

3 CL GIN

4 CL RED BULL

4 EISWÜRFEL

ZUBEREITUNG:

1. Gin und Redbull in einem Tumbler verrühren.
2. Eiswürfel beifügen und genießen.

Glüh-Gin

Dauer: 30 Minuten | Menge: 4 Tassen

Zutaten:

3 cm Ingwerknolle

½ Orange

700 ml Weisswein

200 ml naturtrüber Apfelsaft

2 Zimtstangen

5 Nelken

1 Prise Piment

2 cl Gin

Zubereitung:

1. Ingwer in hauchdünne Scheiben schneiden und Orangenschale abreiben.
2. Wein und Apfelsaft in einem Topf vermengen und mit Zimtstangen, Nelken, Ingwer, Orangenschale und Piment ergänzen.
3. Das Getränk für 20 Minuten auf geringer Hitze erwärmen. Danach durch ein Sieb in Tassen füllen und jede Portion durch einen Schuss Gin verfeinern.

Platz für Ihre Notizen

Sardinian Southside

Dauer: 5 Minuten | Menge: 1 Cocktail

Zutaten:

4 cl Gin

3 cl Bergamotte Likör

2 cl Ingwersirup

3 cl Limettensaft

4 Eiswürfel

50 ml Soda

4 Minzeblätter

1 Zitronenscheibe

1 Orangenscheibe

Zubereitung:

1. Gin, Likör, Ingwersirup, Limettensaft und Eiswürfel in einen Shaker füllen und schütteln.

2. Den Cocktail in ein Double Old Fashioned Glas füllen und mit Soda aufspritzen.

3. Minzeblätter waschen. Zitronen- und Orangenscheibe in das Getränk legen und mit der Minze und einem Trinkhalm anrichten.

Victoria Station

DAUER: 20 MINUTEN | MENGE: 3 COCKTAILS

ZUTATEN:

120 ML GIN

90 ML HOLUNDERLIKÖR

60 ML ZUCKERSIRUP

1 EIKLAR

10 MINZEZWEIGE

10 KORIANDERZWEIGE

EISWÜRFEL

ZUBEREITUNG:

1. Cocktailschalen in den Kühlschrank stellen. Gin, Holunderlikör, Zuckersirup, Eiklar und die Kräuter in einen Shaker füllen.
2. Restlichen Platz mit Eiswürfeln ausfüllen und mindestens für zehn Sekunden kräftig schütteln.
3. Durch ein Barsieb in die Cocktailschalen füllen.

Platz für Ihre Notizen

Jimmy Choo

DAUER: 7 MINUTEN | MENGE: 1 COCKTAIL

ZUTATEN:

5 KAPSELN GRÜNER KARDAMOM

5 KAFFIRLIMETTEBLÄTTER

4 CL DRY GIN

3 CL LIMETTENSAFT

3 CL ZUCKERSIRUP

4 EISWÜRFEL

ZUBEREITUNG:

1. Cocktailschale in den Kühlschrank stellen. Kardamomkapseln und vier Blätter der Kaffirlimette mörsern und in einen Shaker geben.

2. Gin, Limettensaft, Zuckersirup und Eiswürfel ebenfalls in den Shaker füllen und kräftig schütteln.

3. Cocktailschale aus der Kühlung nehmen und das Getränk durch ein Barsieb abseihen.

4. Mit dem letzten Kaffirlimettenblatt anrichten.

Tonka Gimlet

Dauer: 2 Minuten | Menge: 1 Cocktail

Zutaten:

4 cl Dry Gin

1 Schuss Angostura

3 cl Tonkabohnensirup

3 cl Limettensaft

Eiswürfel

1 Orangenscheibe

Zubereitung:

1. Tumbler Glas kühlen. Gin, Angostura, Tonkabohnensirup und Limettensaft in einen Shaker füllen. Mit Eiswürfeln auffüllen, schließen und kräftig schütteln.

2. Tumbler aus der Kühlung nehmen, Orangenscheibe hineinlegen und Cocktail durch ein Barsieb einfüllen.

Ladykiller

DAUER: 6 MINUTEN | MENGE: 1 COCKTAIL

ZUTATEN:

4 CL DRY GIN

2 CL APRICOT BRANDY

2 CL ORANGE CURACAO

4 CL MARACUJANEKTAR

3 CL ANANASSAFT

EISWÜRFEL

1 STÜCK ANANAS

1 COCKTAILKIRSCHE

ZUBEREITUNG:

1. Alle flüssigen Komponenten in einen Shaker füllen und mit Eiswürfeln auffüllen. Kräftig schütteln.

2. Cocktail durch ein Barsieb in ein Longdrinkglas abseihen. Ananasstück und Cocktailkirsche auf einen Zahnstocher spießen. Ananas einschneiden und auf das Glas stecken.

3. Ladykiller mit Trinkhalm servieren.

Platz für Ihre Notizen

Spritzige Gin Rezepte

Tom Collins

Dauer: 10 Minuten | Menge: 1 Cocktail

Zutaten:

4 Eiswürfel

1 Zitrone

1 cl Zuckersirup

4 cl Gin

1 Schuss Soda

1 Cocktailkirsche

Zubereitung:

1. Eiswürfel in ein Collinsglas oder Longdrinkglas füllen. Zitrone halbieren und von der einen Hälfte eine Scheibe abschneiden.

2. Zitrone auspressen und 2 cl Zitronensaft mit Zuckersirup und Gin den Eiswürfeln beifügen.

3. Mit einem langen Löffel vermengen und mit Soda aufspritzen. Einen Zahnstocher längs durch die Zitronenscheibe stecken und die Cocktailkirsche auf die Spitze setzen.

4. Mit Strohhalm servieren.

Ginspritzer

Dauer: 2 Minuten | Menge: 1 Spritzer

ZUTATEN:

100 ML GRÜNER VELTLINER

2 CL GIN

80 ML SODA

1 GURKENSCHEIBE

2 EISWÜRFEL

ZUBEREITUNG:

1. Weißwein und Gin in ein Weinglas füllen und mit Soda aufspritzen. Der Gin verleiht dem Weißen Spritzer einen besonders würzigen Beigeschmack.

2. Gurkenscheibe einschneiden und auf das Glas stecken. Eiswürfel in das Getränk geben und servieren.

Platz für Ihre Notizen

Ginny

Dauer: 4 Minuten | Menge: 1 Cocktail

Zutaten:

1 Limette

2 cl Grenadine

2 cl roter Wermut

2 cl Gin

3 Eiswürfel

1 Schuss Tonic Water

Zubereitung:

1. Limette halbieren, eine Scheibe abschneiden und beiseite legen. Anschließend die Limette auspressen.

2. Grenadine, Wermut, Gin und Limettensaft in den Shaker füllen und schütteln.

3. Eiswürfel in ein Longdrinkglas geben und Cocktail einfüllen Mit Tonic Water abrunden und die Limettenscheibe einschneiden und auf das Glas stecken.

Blossom

DAUER: 10 MINUTEN | MENGE: 1 COCKTAIL

ZUTATEN:

1 CL GRENADINE

3 EISWÜRFEL

4 CL GIN

70 ML GRAPEFRUITSAFT

1 SCHUSS SEKT

1 MINZE ZWEIG

1 ORANGENSCHEIBE

1 KIRSCHE

ZUBEREITUNG:

1. Grenadine und Eiswürfel in ein Longdrinkglas füllen.
2. Gin und Grapefruitsaft über einen Löffelrücken vorsichtig in das Glas rinnen lassen.
3. Sekt beifügen und die Spitze eines Minze Zweigs in das Glas legen. Die Orangenscheibe einschneiden und mit einem Zahnstocher durchstechen. Die Kirsche auf die Spitze stecken.

Platz für Ihre Notizen

Kräuter & Gin

Dauer: 5 Minuten | Menge: 1 Cocktail

ZUTATEN:

4 CL GIN

2 CL LIMETTENSAFT

6 GURKENSCHEIBEN

3 EISWÜRFEL

100 ML KRÄUTERLIMONADE ODER ALMDUDLER

(ÖSTERREICHISCHE KRÄUTERLIMONADE)

4 BLÄTTER MINZE ODER PETERSILIE

ZUBEREITUNG:

1. Gin und Limettensaft in ein Longdrinkglas füllen. Gurkenscheiben und Eiswürfel hinzufügen.

2. Cocktail mit Kräuterlimonade oder österreichischem Almdudler auffüllen.

3. Mit Minze- oder Petersilienblättern garnieren.

Mc Fly

Dauer: 4 Minuten | Menge: 1 Cocktail

Zutaten:

2 cl Gin

2 cl Zitronensaft

1 Eiswürfel

3 cl Sekt

1 Cocktailkirsche

Zubereitung:

1. Gin mit Zitronensaft und dem Eiswürfel in den Shaker füllen und schütteln.
2. Anschließend in eine Cocktailschale füllen und mit Sekt aufspritzen. Cocktailkirsche auf den Boden des Cocktails gleiten lassen und servieren.

Platz für Ihre Notizen

Pink Summerday

DAUER: 5 MINUTEN | MENGE: 1 COCKTAIL

ZUTATEN:

4 CL PLYMOUTH GIN

2 CL LIMETTENSAFT

2 CL HIMBEERLIKÖR

140 ML RUSSIAN WILD BERRY (SCHWEPPES)

5 EISWÜRFEL

1 LIMETTENSPALTE

ZUBEREITUNG:

1. Gin, Limettensaft, Himbeerlikör und Eiswürfel in einem Highballglas zusammen rühren.

2. Mit Russian Wild Berry auffüllen. Einen Spritzer Limettensaft in den Cocktail pressen und Limettenspalte ins Glas legen. Mit Strohhalm servieren.

Silver Campari

DAUER: 5 MINUTEN | MENGE: 1 COCKTAIL

ZUTATEN:

1 CL ZUCKERSIRUP

2 CL GIN

2 CL CAMPARI

3 EISWÜRFEL

SEKT

1 ZITRONENSPALTE

ZUBEREITUNG:

1. Zuckersirup, Gin, Campari und Eiswürfel in einen Shaker füllen, schütteln und durch ein feines Sieb in ein Longdrinkglas füllen.

2. Den Cocktail mit Sekt auffüllen. Zitronenspalte über dem Glas ausdrücken, sodass ein Spritzer Zitronensaft direkt in den Cocktail gelang. Diesen Vorgang nennt man Abspritzen. Zitronenspalte in das Longdrinkglas legen.

Sling Sling

DAUER: 10 MINUTEN | MENGE: 1 LONGDRINK

ZUTATEN:

4 EISWÜRFEL

4 CL GIN

2 CL KIRSCHBRANDY

2 CL ZITRONENSAFT

1 CL ZUCKERSIRUP

130 ML SODA

DRACHENFRUCHT

COCKTAILKIRSCHEN

ZUBEREITUNG:

1. Eiswürfel in ein Longdrinkglas füllen. Gin, Kirschbrandy, Zitronensaft und Zuckersirup beifügen und gut durchmischen.

2. Mit Soda aufspritzen. Einen Zahnstocher abwechselnd mit einem Stück Drachenfrucht und einer Cocktailkirsche bestücken.

3. Longdrink mit dem Spießchen garnieren und mit einem Strohhalm servieren.

Platz für Ihre Notizen

Haftungsausschluss

Dieses Buch enthält Meinungen und Ideen der Autorin und beabsichtigt den Lesern informatives und hilfreiches Wissen mit einem Unterhaltungscharakter zu vermitteln. Die enthaltenen Anleitungen und Strategien passen möglicherweise nicht zu jedem Leser, und es gibt keine Garantie dafür, dass sie auch wirklich bei jedem funktionieren. Die Benutzung dieses Buchs und die Umsetzung der darin ausgearbeiteten Informationen / Rezepte erfolgt ausdrücklich in eigener Verantwortung und Risiko. Das Werk, inklusive aller Inhalte, gewährt keine Gewähr oder Garantie für Korrektheit, Vollständigkeit, Qualität oder Aktualität der zur Verfügung gestellten Informationen. Fehlinformationen und Druckfehler sind nicht vollständig auszuschließen.

Impressum

Peter McGillman in Vertretung von:

Lisa Schröder

Hosemannstraße 66

10409 Berlin

Deutschland

Covergestaltung /-konzept:

Oliviaprodesign| fiverr.com

Coverbilder:

Marian Weyo| Shutterstock.com

31107597R00059

Printed in Poland
by Amazon Fulfillment
Poland Sp. z o.o., Wrocław